www.tredition.de

AF204959

martina kern

befreit
leben
jetzt

... das menschliche leid
überwinden

© 2020 Martina Kern

Verlag und Druck: tredition GmbH, Halenreie 40-44, 22359 Hamburg

ISBN
Paperback: 978-3-347-06122-4
Hardcover: 978-3-347-06123-1
e-Book: 978-3-347-06124-8

inhalt

intro & wahres leben

Du glaubst nur dann, dass ein Leben ohne Leid nicht möglich ist, wenn du geistig vom Leben getrennt bist. *Wahres* Leben ist bedingungslos und kennt keine Grenzen. Wer dich auf das egozentrische System limitiert sind deine Konditionierungen, deine Gedanken. Du bist mit Anlagen in diese Welt gekommen, die durch deine Gene bestimmt wurden. Doch du trägst evolutionär das gesamte Leben in dir. Mehr noch, du bist dieses eine Leben, von dem es kein zweites gibt. Du hast alle menschlichen Möglichkeiten. Aber du vergisst diese Wahrheit im Laufe deiner ersten Lebensjahre, weil du auf dein Persönlichkeitssystem programmiert wirst. Alles was man dir beibringt ist nicht Wahrheit, sondern normiertes Wissen, das auf Vermutung basiert. Nichts was der Mensch erschafft ist von Dauer. Materie zerfällt genauso wie sich Überzeugungen immer wieder selbst in Frage stellen, wenn die Wissenschaft neue Erkenntnisse auf den Markt wirft. Alle diese vermeintlichen Tatsachen gelten nur so lange bis man an ihnen scheitert oder neue erfindet.

Wenn du wissen willst was wirklich wahr ist, musst du dich dem Leben stellen. Es bringt dir jeden Moment genau das was du brauchst um Wahrheit zu erkennen. Nichts geschieht einfach nur so. Wahrheit *ist* das Leben.

Und wahres Leben leidet nicht, weil es keinen Widerstand kennt. Wie ein Fluss, der große Hindernisse umarmt und kleine in sich aufnimmt, fliest es friedlich vor sich hin. Warum oder woran sollte der Fluss leiden?

Leiden kannst du nur, wenn du nicht weißt wer du bist. Um dich zu erkennen, musst du in den Spiegel schauen, den du in jedem und allem was um dich herum ist findest. Der Selbsterkannte ist ohne Leid, weil er keinen Widerstand mehr kennt und für sich selbst Verantwortung trägt.

Alle nicht-menschlichen Lebensformen dieser Welt geben sich dem Leben hin. Sie hinterfragen nichts und kennen deshalb kein Leid. So kann das arrogante Credo, der Mensch sei die Krönung der Schöpfung, schlussendlich nur als lächerlich entlarvt werden.

Dieses Buch mag einige Aussagen enthalten, die dem menschlichen Verstand nicht gefallen. Du wirst diese Passagen ganz leicht daran erkennen, dass du dich über sie ärgerst, sie abweist oder dich über sie lustig machst.

Ich habe die Wahrheit nicht gepachtet, aber ich habe mich mit ihr auseinandergesetzt. Ich habe den tiefsten Moment unfassbar unerträglicher Sinnlosigkeit überlebt und ich kenne diese unbändige Freude, die jedes Glücksgefühl überstrahlt. Und sie ist immer da im Untergrund des Seins, auch wenn an der Oberfläche des Lebens stürmische Wellen schlagen.

Das letzte Kapitel dieses Buches beschreibt meinen persönlichen Trauerprozess nach dem Verlust meiner Hündin Sira. Ich lebte intensive 16 Jahre mit ihr bis zum August 2019. Ohne sie wäre ich dem leidvollen Kreislauf eines unwahren Lebens nicht entkommen; sie war Teil meiner Metanoia.

Die intensive Erzählung blickt in den Kampf des Menschen um die Befreiung aus seiner Konditionierung und zeigt die unterschiedlichen Stadien großen Schmerzes, unbewussten Leidens, tiefster Sinnlosigkeit und schließlich das erneute Eintauchen in den Fluss des Lebens auf.

Vermutlich wirst du an ein paar Stellen des Buches Wiederholungen finden. Sie sind nicht zu vermeiden, wenn Dinge von mehreren Seiten aus beleuchtet werden.

schmerz, leid & mitgefühl

Es gibt einen Unterschied zwischen Schmerz und Leid. Wenn du ein (mit-)fühlender Mensch bist, wirst du dem Schmerz nicht ausweichen können. Das sollst du auch nicht, denn Vermeidung erschafft Angst. Psychischer Schmerz entsteht quasi passiv und wird nicht aus dir hervorgebracht. Er kommt, wenn du einen Verlust erleidest, wenn dir etwas genommen wird, das du geliebt hast. Schmerz fliest in die Lücke, die sich in deiner Lebenssituation aufgetan hat. Wenn du ihm Raum gibst, geht er in Trauer über und heilt sich so selbst aus. Je mehr du diesen natürlichen Prozess annimmst, desto schneller geht der Schmerz vorüber, ist leichter oder entsteht erst gar nicht. Annahme dessen was ist, ist der Schlüssel für ein Leben ohne Kummer per se.

Körperlicher Schmerz entsteht wenn du dich verletzt. Auf den ersten Blick mag er sich ebenfalls passiv anfühlen. Doch meist entsteht er durch eigene Unachtsamkeit. Die körperliche Ebene folgt der geistigen. Deshalb kann dein Umgang mit deinem Körper durchaus auf den Grad deiner Selbstverantwortung hinweisen.

Leid ist vollständig hausgemacht. Es ist deine freie Entscheidung, leiden zu wollen. Wenn du mit einem anderen mit-leidest, tust du weder dir noch ihm einen Gefallen. Dein Mitleid verstärkt sein Selbstmitleid und du leidest, obwohl du faktisch überhaupt keinen Grund dazu hast. Manchmal erhofft sich der Mitleidende Dankbarkeit und wenn sie nicht kommt hat er sich zusätzliches Leid erschaffen. Leid ist immer Drama, egal ob es das eigene ist oder das des anderen. Leid ist Widerstand gegen das was ist. Es endet sobald du deine Gegenwehr aufgegeben hast.

Jedes Leiden ist in seiner letzten Konsequenz Selbstmitleid und es hat überhaupt nichts mit Mitgefühl zu tun. Mitgefühl erkennt die Situation an und lässt die Verantwortung beim Verantwortlichen. Wenn du jemandem dein Mitgefühl aussprichst, bist du ganz bei ihm und kannst seine Umstände nachfühlen. Du versetzt dich so vollständig in seine Lage, dass du fühlen kannst was er fühlt. Man nennt das auch Empathie. Jeder Therapeut oder Coach muss sich in andere hineinversetzen können wenn er wirklich gut sein will. Doch am Ende der Therapiestunde wird der Patient seiner eigenen Verantwortung überlassen. Das Mitgefühl hält also eine respektvolle Grenze ein. Mitgefühl ist Liebe in ihrer reinen Form und die Basis jeder echten Beziehung und wahren Freundschaft.

trennung & angst

Das sich im Laufe der Evolution gebildete Ego als Zentrum des menschlichen Körper-Geist-Systems fühlt sich mit nichts verbunden. Es sieht sich nicht nur von der Natur und anderen Menschen und Lebensformen, sondern vom Leben schlechthin als getrennt. So sprichst du von dir und deinem Leben, so als *hättest* du eines. Doch in Wahrheit *bist* du es. Du bist eine Form dieses einen Lebens, wie der gesamte Rest der Welt. Dir liegt dieses eine Leben nicht nur zugrunde, sondern es ist das was du bist. Dein egoisches Trennungsgefühl erschafft eine Außenwelt, die meist bedrohlich wirkt. Weil dem Ego ein Schutzmechanismus zugrunde liegt, basiert alles was du tust auf deinem Bedürfnis nach Sicherheit. Da sie nicht vollständig gegeben sein kann, entsteht automatisch Angst.

Dieses Ich-Zentrum ist das was du glaubst zu sein. Doch es kann nirgends im Körper verortet werden. Es wird dem Bewusstsein zugeschrieben oder besser gesagt, das ICH ist Bewusstsein und somit geistig. Du bist also Geist, der den menschlichen Körper nutzt. Der Körper als solcher ist ein Organismus, der auf den Programmen deines Geistes läuft. Tatsächlich ist das Bewusstsein die Software, die über die körperliche Hardware abgespielt wird. Alles was man dich in deinem Leben gelehrt hat, alles was dir geschehen ist und das was du über deine DNA mitbringst, ist in diesem Geistesbewusstsein, das sich Ego nennt und dem kein Platz zugewiesen werden kann, abgespeichert.

Die Wurzeln deiner Probleme liegen in dieser gespeicherten Konditionierung und diese basiert in letzter Konsequenz auf dem Grundgedanken der Trennung. Sobald du dich vom Rest der Welt abspaltest befindest du dich permanent in Alarmbereitschaft. Wenn dem ICH „ein Anderer" oder „etwas Fremdes" gegenüber steht, bedeutet das automatisch Unsicherheit, Abwehr, Kampf oder Flucht. Außerdem spaltet Trennung in Richtig & Falsch, Gut & Böse, wodurch Vergleich entsteht, der die Bewertung im Schlepptau hat.

Jeder Mensch hat schreckliche Angst vor Einsamkeit. Alleinsein hält kaum jemand aus, es sei denn, er ist spirituell ausgerichtet oder Autist. Das Gefühl von Einsamkeit basiert ebenfalls auf dem Trennungsgedanken, denn wie solltest du dich einsam fühlen können, wenn du wüsstest, dass du kein Einzelwesen und mit allem verbunden bist was du siehst?

Mit Angst wird heutzutage viel Geld verdient. Nicht nur die Versicherungen, die dich dazu ermuntern, dir eine Zukunft vorzustellen, die düstere Bilder von Krankheit und Verlust zeichnet, sondern auch die Pharmakonzerne mit ihren Medikamenten, die deine Angst lösen oder hemmen sollen, machen ihren Reibach. Selbst Therapeuten, Coaches und alle möglichen „Speaker der neuen Welt" wollen an dir und deiner Angst Geld verdienen. Glaubst du, dass einer von ihnen ein ehrliches Interesse daran hat, dass du deine psychische Angst tatsächlich für immer los wirst? Diese Placebos können dir lediglich dabei helfen deine Angst zu unterdrücken. Jede Form von Neurolinguistischer Programmierung muss in letzter Konsequenz scheitern, weil sie auf Gedanken basiert, die einer begrenzten Konditionierung unterliegen und damit fehlerhaft sind.

Das einzige, was dich von deiner Angst wirklich befreien kann, ist das Einsehen des Egos, dass es einer Täuschung unterliegt. Du bist nicht getrennt vom Rest der Schöpfung, du bist EINS mit ihr. Du bist Geist, der sich in diesem Körper befindet und wenn dieser Körper stirbt, bleibst du der Geist, der du schon immer bist. Mit dem Ablegen des Körpers wirst du frei von der Illusion begrenzt und abgegrenzt zu sein. Warum willst du auf deinen Tod warten und wertvolle Zeit verschwenden? Warum nicht schon jetzt das alte Bild über Bord werfen und geistig frei sein?

Das ICH-Zentrum will diese Realität nicht akzeptieren und bietet Widerstand. Diese Vorstellung geht über den Verstand hinaus und kann nicht von ihm begriffen werden. Üblicherweise arbeitet er nur mit dem Wissen das er kennt und abgespeichert hat. Es sind also Erkenntnisse aus der Vergangenheit, mit denen du versuchst, etwas Neues zu verstehen. Das kann nicht funktionieren. Wenn du eine echte Lösung für etwas suchst, musst du die Ebene deines bisherigen Denkens verlassen.

Ausnahme-Wissenschaftler, Erfinder und Philosophen haben die Erfahrung gemacht, dass Lösungen nicht durch das menschliche Denken gefunden werden, sondern aus dem Inneren heraus aufleuchten und zwar in dem Moment, in dem das Denken ruht. Das bedeutet anzuhalten, dich zu überlassen und zu schauen was sich aus dir heraus ergibt.

Wenn du beginnst, dich als EINS mit allem zu fühlen, verlässt du deine bisherige Welt. Alles wird sich ändern, weil es keinen Grund mehr für Feindschaft geben kann. Wenn du weißt, dass du und das Fremde nicht verschieden seid, herrscht Frieden. Das was euch zu trennen scheint, sind eure Konditionierungen und dafür kannst weder du, noch der Andere etwas. Wenn du einmal alle Vorurteile weg lässt, die man dir über ihn beigebracht hat, bekommst du ein Gefühl dafür, was EINSSEIN wirklich bedeutet. Es gibt keinen Unterschied und der, der scheinbar existiert ist lediglich eine gedankliche Vorstellung, die keine Wahrheit in sich trägt. So wie die Erde keine realen Grenzen hat, bist du das was du siehst: dieses eine Leben, das als jede Form existiert.

selbst-wert & vergleichen

Trennung als erste Ursache des Leidens bringt automatisch den Vergleich mit sich, weil ein Messen erst dann möglich ist, wenn aus Eins Zwei wird. Doch Messen und Vergleichen als solches müssen noch keinen (Wettbewerbs-)Druck ausüben. Erst wenn du dem Ganzen einen Wert beimisst, hast du den Grundstein für lebenslangen Stress gelegt. Aus dem Paradies wird die Hölle, die du dir selbst erschaffen hast.

Das Vergleichen und Bewerten zieht sich oberflächlich betrachtet nicht nur durch alle Bereiche deines Lebens, sondern ist die Grundlage deines Denkens. Denken ist immer vergleichend und bewertend und weil dieses Programm fortwährend im Hintergrund abläuft ist es dir nicht wirklich bewusst. Es ist für dich völlig normal überall dein Maßband anzusetzen und alles was dir begegnet zu kategorisieren. Das schließt auch dich selbst ein. Hättest du keinen Selbst-Wert, hättest du keine Probleme mit dir. Das muss keine gewagte These bleiben, wenn du dir einmal eine Welt vorstellst, in der keine Werte existieren. Alles was du darin siehst ist also wertlos im Sinne von wertfrei. Nichts ist besser oder schlechter als das andere. Unterschiede können nebeneinander existieren, ohne dass es zur Spaltung kommt.

Da ist eine natürliche Toleranz, die nicht moralisch erschaffen werden muss, weil alles gleich-gültig ist. Dir selbst und den Dingen keinen Wert zu geben, befreit dich von jedem Konkurrenzdenken. Außerdem macht sich der anstrengende Versuch einer gedanklich konstruierten Selbstannahme selbst überflüssig, wenn du keinen Wert besitzt. Als „Wertloser" bist du einfach das was du bist. Depressionen verschwinden auf der menschlichen Bildfläche, weil ihnen die Grundlage entzogen wird.

Doch mehr denn je lebt die konzeptionelle Welt vom Vergleich. Der bewertende Mensch macht sich zum Spielball von Wirtschaft und Leistungsparametern. Dabei gibt es nur einen Verantwortlichen bei der Sache: Dich. Weder Konzerne noch Medien können dich länger zum Deppen machen, wenn du dieses Spiel durchschaut hast. Du bist derjenige der glaubt sich selbst aufwerten zu müssen. Du verlangst überhöhte Leistungen von dir, um dich von anderen abzuheben oder dir Dinge leisten zu können, die andere nicht haben. Es sind deine Werte, die deiner Konditionierung entspringen. Solange du dich zum Opfer einer Gesellschaft machst, nach deren Werten du freiwillig lebst, bist du in diesem destruktiven Spiel gefangen, das nur in der Selbstzerstörung enden kann.

zeit, jetzt & ewigkeit

Der Mensch lebt mit einem Gefühl von Zeit. Dadurch, dass dein Gehirn Geschehenes speichert, entsteht eine Vergangenheit, die durch Erinnerung hervorgerufen wird. Sie ist rein kognitiv und besitzt ansonsten keine Realität. Wenn du nicht an Geschehenes denkst existiert es nicht. Doch der menschliche Verstand kramt gerne in alten Sachen herum und holt überwiegend leidvolle Erinnerungen, aber auch schöne Erlebnisse ans Licht. Während erstere per se Schmerz mit sich bringen, können letztere Selbstmitleid hervorrufen, weil sie nicht mehr sind.

Nach vorne gerichtet, erschafft deine Vorstellungskraft eine Zukunft, die ebenfalls nicht real ist. Alles was du gedanklich vorausschickst ist Fiktion. Oft handelt es sich dabei um Schlösser, die aus Luft gebaut sind oder um Szenarien, die dich in Angst und Schrecken versetzen und deine Welt erschüttern. Manche Menschen verlieren sich fast ihr Leben lang in ihrer Fata Morgana bis die Realität sie einholt und ihr Bild wie eine Seifenblase zerplatzt.

Die Wahrheit ist, dass weder Vergangenheit, noch Zukunft, noch Zeit an sich wirklich existieren. Zeit ist eine Erfindung des menschlichen Geistes und wurde vermutlich zu organisatorischen Zwecken in räumliche Normen unterteilt. Aus dem natürlichen Kreislauf des Universums, nach dem sich die Planeten in ihrer Laufbahn um die Sonne richten, ergeben sich scheinbar Licht und Schatten, die wir Tag und Nacht nennen. An ihnen orientiert teilen sich Zeiträume wie Wochen, Monate und Jahre oder auch Stunden, Minuten und Sekunden ein. Diese sehr laienhafte Beschreibung lässt sich natürlich ins Unendliche hinein weiter verzweigen.

Entscheidend dabei ist lediglich, dass nur eines wirklich real existiert und das ist das Jetzt, der eine Moment, den wir Gegenwart nennen. Weder kannst du in der Zukunft etwas tun, noch in der Vergangenheit. Handlung geschieht immer nur jetzt. Ich schreibe jetzt und wenn ich die Hände von der Tastatur löse, ist das Geschriebene schon Vergangenheit. Die Planung in ein Morgen hinein kann nützlich oder notwendig sein; die tatsächliche Handlung geschieht aber immer nur in diesem einen Schritt, den du dann tatsächlich gehst.

Wenn du gedanklich aus diesem Jetzt fällst, erschaffst du automatisch Leid, weil du dich in Vorstellungen verlierst, die nicht wahr sind. Der Rückblick lässt Wehmut entstehen, der Blick nach vorne weckt Erwartungen oder ruft Angst hervor, weil du nicht weißt was kommt. Der Hauptanteil menschlicher Angststörungen hat seine

Ursache in einer ungewissen Zukunft, weil sie Unsicherheit hervorruft. Viel zu selten wird von Ärzten und Therapeuten vermittelt, dass Selbstmitleid und Angst sofort ihre Macht über dich verlieren, sobald du dich auf die Gegenwart konzentrierst und dich auf das ausrichtest, was tatsächlich ist.

Dieses Jetzt als zeitliche Gegenwart kennt aber auch noch eine ontologische, also metaphysische oder spirituelle Bedeutung. Es ist das SEIN, dieses EINE, mit dem sich Philosophen seit Anbeginn beschäftigen. Der gegenwärtige Moment, als das einzig tatsächlich Existierende, ist das was das gesamte Universum ausmacht und dich, der du darin lebst und es gleichzeitig in deiner Wahrnehmung erschaffst. Das Jetzt ist die Ewigkeit, die nicht endlos andauert, sondern zeitlos ist. Das SEIN ist ein Zustand völliger Unschuld, weil er keine Konditionierung kennt. Es ist das, wonach alle spirituellen Sucher streben und gleichzeitig das, was wir schon immer sind, aber nicht mehr finden können, weil wir uns in unsere Konditionierung hinein verloren haben. Wenn du dein unschuldiges SEIN wieder gefunden hast, bist du frei.

polarität & dualität

Auch ohne naturwissenschaftlichen Hintergrund können wir annehmen, dass verschiedene polare Kräfte im Universum wirken. Das männliche und weibliche Prinzip ist nicht nur ein menschliches, sondern existiert in der gesamten Natur. Es kann vermutlich auch davon ausgegangen werden, dass sich die Polarität nicht nur auf den uns bekannten Bereich beschränkt, sondern die gesamte Schöpfung einschließt. So kann es sein, dass es zum Beispiel auch weibliche und männliche Planeten oder Sterne gibt. Die polaren Kräfte erscheinen getrennt, bedingen sich aber gegenseitig bzw. gehen ineinander auf als Ganzes. Weil die Grundsätze der universellen „Heiligen Geometrie" den menschlichen Verstand übersteigen, können wir uns nur an den Wundern ihrer infiniten Muster und Formen erfreuen.

Die Polarität als solche ist wertfrei. Plus & Minus, männlich & weiblich sind per se völlig neutrale Attribute. Erst das Denken der Menschen hat die Phänomene des Universums in Kategorien und Werte eingeteilt. Und genau hier hat er auch begonnen, sich in die „falsche" Richtung zu entwickeln. Mit dem Kategorisieren der verschiedenen Formen wurde eine fiktive Spaltung geschaffen, die das eine einschließt und das andere ausgrenzt. So entstanden Intoleranz und Feindschaft, der Beginn nicht nur kriegerischer Auseinandersetzungen.

Während wir in den Polaritäten natürliche Gesetzmäßigkeiten erkennen, die nicht nur die Erde in ihrer Umlaufbahn halten und unser Leben auf ihr möglich machen, bezieht sich die Dualität auf dich. Dual meint, dass du unterscheidest in ICH & der oder das Andere, in Subjekt & Objekt. Dadurch entsteht eine Außenwelt mitsamt dem Bild eines externen Gottes, in dem du ein Wesen oder eine Kraft siehst, die mit dir als solche nichts zu tun hat, weil sie von dir getrennt zu sein scheint. Gott wirkt als Autorität, an die du sowohl die Verwirklichung deiner Wünsche, als auch deine Verantwortung abschiebst. Da ist eine Spaltung in dir, die dich zum Opfer macht und dadurch die anderen schuldig spricht. Für die Abtrennung deines negativen Teils, also die Versuchung deiner Schattenanteile, muss der Teufel herhalten.

Im Gegensatz dazu entspricht der intrinsische Gott einem verwirklichten, selbstverantwortlichen Menschen, der die egozentrische Dualität und Polarität durchschaut und überwunden hat, während das dualistisch getrennte Ego deutlich kindliche Züge aufweist. Es trägt keine Verantwortung für sein Denken und Handeln und lebt an der Oberfläche lediglich seine „Gutwelt" aus, während es seine negativen Anteile ins Unterbewusstsein verbannt. Dort fristen sie ihr verborgenes Dasein, bis Dinge geschehen, die sie ans Licht triggern. Wir bezeichnen es dann als Krise, wenn die Schatten ihr Recht auf Leben einfordern.

Im Grunde befindest du dich im permanenten Konflikt solange dein Schattenreich ein Doppelleben führt. Der Mensch, der sich selbst vollständig „geschaut" hat, ist wahrhaftig. Er ist rein und göttlich im Sinne von konfliktfrei. Er lebt eine Neutralität, die dem Gedanken der Einheit entspricht, die in der spirituellen indischen Kultur „Advaita" genannt und als das Ziel und der Sinn des menschlichen Daseins betrachtet wird.

konditionierung & bewusstheit

Der Gedanke, ein Mensch mit einem Körper zu sein, der sich vom Rest dessen was du wahrnimmst unterscheidet, beweist dir, dass du lebst. Jeden Morgen scheint das ICH-Gefühl erneut zu erwachen. Wahr ist, dass das Bewusstsein, welches Leben schlechthin *ist*, dieses weltliche Dasein nur durch den menschlichen Körper (oder andere Formen) erfahren kann. Über die Sinne nimmst du auf verschiedene Weise eine Außenwelt wahr, in die du alles hinein projizierst, was dir scheinbar passiert. Du siehst gewöhnlich keinen Zusammenhang zwischen dem was du tust und dem was dir geschieht. Die Illusion der Trennung ist perfekt, weil der Schleier der Maja die Wahrheit verdeckt, nach der du als Mensch dein Leben lang suchst.

Der „Schleier der Maja" ist das was das Ego entstehen lässt und am Leben erhält. Der Begriff stammt aus der indischen Kultur und meint alles was die EINHEIT verschleiert, die einzig als wahr erkannt wird. Das individuelle Ego ist eine Erscheinung aus der EINHEIT heraus und wird gefestigt durch Konditionierung. Als Kleinkind ist dir die Welt egal, weil du dir keine Gedanken über sie machst. Du nimmst sie so an wie sie ist und fühlst dich als Teil von ihr und in ihr. Die Wahrnehmung, ein individuelles Wesen zu sein, wird dadurch hervorgerufen, dass man dich auf einen Namen prägt und dir alle möglichen Dinge beibringt, die du fürs Leben nicht unbedingt brauchst. Du wirst auf ein bestimmtes Verhalten dressiert, das positive und negative Konsequenzen mit sich bringt und man versucht dir im boot-camp der Schulen ein Wissen einzuhämmern, welches weder auf Wahrheit basiert, noch wirklich zum Überleben notwendig ist. Das was dir einzig auf dieser Erde ein angenehmes Leben bescheren würde, wird nicht vermittelt. Im Gegenteil. Man lässt dich im Glauben wachsen, dass die Werte, auf die man dich ausrichtet, die einzigen sind und wenn du noch mehr Pech hast, lernst du, dass alle anderen richtig sind, nur du nicht.

Die Spaltung von „Ich & der Andere" erfährt ihre Verstärkung aus dem Kreis der Familie heraus. So schön eine liebevolle Familie für deine Kindheit sein mag, so sehr kann sie aber auch deine Entwicklung hemmen, weil sie oft nicht über ihren Tellerrand hinaus blickt. Wenn du dann später Toleranz entwickeln sollst, kann es schwierig werden. Warum kann den kleinen Kindern nicht gleich von Anfang an beigebeigebracht werden, dass alle Menschen gleich sind, anstatt die Erde mitsamt ihren Bewohnern in Häppchen einzuteilen? Weshalb fällt es so schwer, über die eigene Konditionierung hinaus zu blicken? Ist es die Angst vor dem Fremden, die dich Andersdenkenden gegenüber misstrauisch macht? Oder ist es Arroganz, weil du glaubst, etwas Besseres zu sein? Was wäre, wenn es keine Religionen gäbe und keine Länder mit ihren Grenzen, die reine Fiktion sind?

Jeder von uns ist konditioniert und zwar auf die falsche Realität der Trennung. So hat sich die ursprüngliche Spaltung, die sich natürlicherweise aus der Wahrnehmung deiner selbst und der Außenwelt ergibt, durch menschliches Denken immer weiter verzweigt in sämtliche Bereiche des Daseins hinein. Alle Unterschiede sind Menschen-gemacht und erfunden. Sie existieren in Wahrheit nicht. Die ursprüngliche Welt kennt keine Werte und sieht jedes einzelne Teilchen so wie es ist in seiner Existenz berechtigt. Mehr noch, es wird nicht hinterfragt.

Probleme entstehen durch Denken und deshalb kann Frieden in dir und damit in der Welt nur entstehen, wenn du dir deine „kriegerischen" Gedanken bewusst machst. Deine Konditionierung ist dein gesamtes Gedankengut und schließt sämtliche Erfahrungen deines bisherigen Lebens mit ein. Alles was man dir je beigebracht hat und was du erlebt hast ist fest in dir abgespeichert. So läufst du wie eine Schallplatte, die auf ihre Rillen geprägt ist und deshalb immer wieder die gleiche Musik abspielt.

Wenn du gut ausgerichtet bist in deinem Leben, mag das wunderbar sein. Dann gibt es keinen Grund für dich dieses Buch zu lesen. Wenn du aber darunter leidest, dass du ständig ungeliebte Muster wiederholst, weil du dich in deiner Spur festgefahren hast, dann solltest du vielleicht den Absprung wagen. Und das funktioniert nur indem dir klar wird nach welchem Programm du läufst. Das Bewusstsein muss sich selbst bewusst werden, um frei sein zu können. Freiheit bedeutet, ohne Wertung zu sein.

Wenn du dein Denken durchleuchtest, wirst du feststellen, dass es fortwährend kommentiert. Nichts kann einfach nur so geschehen. Alles wird sofort eingeteilt in Kategorien, die fein säuberlich angelegt werden. Alles was dir im Leben neu begegnet wird mit dieser Ablage verglichen und wenn es nicht übereinstimmt wird es abgewiesen. So bleibt alles beim Alten.

Eine gute Psychotherapie kann Selbsterkenntnis anregen, aber nur dann, wenn sie über das Mensch-Sein an sich hinaus weist. Solange jedoch diagnostiziert und eingeteilt wird, kann auch hier die Hilfe nur begrenzt wirken. Eine nachhaltige Änderung und damit Heilung deines Geistes kann nur dann eintreten, wenn die Konditionierung gelöscht wird. Du kannst damit beginnen, dir allem was du tust bewusst zu werden, indem du dein

Denken mit dem darauf folgenden Handeln in Beziehung setzt. Es ist ein Weg der prozesshaft zu verlaufen scheint, weil sich die Erkenntnisse automatisch verknüpfen und aufeinander aufbauen. Entscheidend ist dabei, dass die Gedankengänge, also Handlungsmuster, nicht verändert, sondern bis in die letzte Tiefe hinein ehrlich betrachtet werden. Würdest du deinen Gedankengang umprogrammieren, wäre das lediglich ein Spurwechsel und du würdest in einer anderen Rille weiter laufen.

Eine Löschung ist immer ein „Entwerten", dem ein In-Zweifel-Ziehen deiner Ansicht voraus geht. Sind die Dinge wirklich so wie du denkst? Musst du tatsächlich alles planen oder kannst du dich einfach dem Leben überlassen? Wenn du ganz dem folgen kannst, was geschieht, ohne wissen zu wollen, wohin es führt, hast du dich frei gelaufen.

Konditionierung zu löschen heißt nicht dumm oder naiv zu werden. Keineswegs, denn je mehr sich die menschliche Konditionierung auflöst, desto mehr kann die natürliche Intelligenz, die allem zugrunde liegt, durchscheinen. Wenn die Schale aufbricht, kommt das Samenkorn zum Vorschein und entfaltet seine gesamte Wirkung. Du kannst dann ein „vollendeter" Mensch sein, so wie er von Denkern und Weisen beschrieben wird, weil du die Grenzen des Verstandes gesprengt hast.

Die Löschung deiner Konditionierung geschieht übrigens passiv und zwar in dem Moment, in dem du die volle Wahrheit, die ihr zugrunde liegt, erkannt hast. Nur wenn du dich vor deinem Spiegel der Erkenntnis nackt gemacht und deine Augen vor den unschönen Tatsachen nicht verschlossen hast, kann sich die Ursache auflösen. Du musst dich deinem Bild stellen, das verzerrt ist durch Neid, Missgunst, Streben nach Perfektion, Materialismus, Eitelkeit, Wettbewerb mit anderen und die Sucht nach geliebt-sein-wollen. Wenn du nicht vollständig ehrlich bist, kann sich die Konditionierung nicht lösen.

Auch ein Loslassen kann nicht vom Menschen *gemacht* werden. Dinge können erst dann gehen, wenn sie vollständig gesehen wurden und es geschieht automatisch ohne Einmischung deinerseits. Es braucht keine Rituale und keine Therapie. Nur Ehrlichkeit und den Mut und die Kraft, dich selbst auszuhalten.

unbewusstheit & gewahrsein

Unbewusstheit ist der normale Zustand automatischer Abläufe, nach denen dein Leben überwiegend funktioniert. Dein Körper spiegelt dir diese Tatsache am deutlichsten. Seine Prozesse laufen ohne dich ab. Du glaubst, dass du die Kontrolle über ihn hast, was neuerdings durch entsprechende Apps verstärkt wird. Doch wenn das wirklich so wäre, dürften Krankheiten überhaupt nicht entstehen. Es ist möglich, dass dir Medikamente und Operationen für einen gewissen Zeitraum helfen, doch schlussendlich kannst du weder Heilung erzwingen, noch den körperlichen Abbau stoppen. Und so wie du in die tatsächliche Funktion deines Körpers in letzter Konsequenz nicht eingreifen kannst, trifft das auf *unbewusste* geistige Abläufe ebenfalls zu.

Descartes These „Ich denke also bin ich" bringt gewissermaßen zum Ausdruck, dass sich deine Existenz durch dein Denken beweist. Aber das bedeutet nicht, dass der menschliche Organismus denken muss, um zu existieren. Das Leben lebt sich ganz ohne dich, also ohne den „eingebildeten" Denker, den es als solchen nicht wirklich gibt. Was das scheinbare Ego ausmacht ist ein Bündel von Gedanken. Dahinter steht das Leben, welches das

Denken überhaupt möglich macht. Jeder Einzeller beweist diese Wahrheit.

Leben als Grundlage allen Seins ist reines Gewahrsein, das über die Sinne hinausgeht. Es ist diese eine Intelligenz, die du nur dann erahnen kannst, wenn es ganz still wird in dir. Im Moment des Nicht-Denkens ist das im Vordergrund was du wirklich bist. Wirkt das Leben durch ein Körper-Geist-System, wird aus dem Gewahrsein das Bewusstsein. Bewusstsein ist Gewahrsein, das sich durch Denken „verunreinigt". Einer Gehirnwäsche gleich verliert es seine Klarheit durch Konditionierung. Durch die Sinne tritt das Bewusstsein mit einer Welt in Kontakt, die es selbst nach außen projiziert hat. Du bist also Bewusstsein, das sich durch den menschlichen Körper eine Welt erschafft, mit der er interagiert. Die Emotionen leisten neben dem Denken ihren Beitrag zu deinem Lebensdrama.

Auch wenn der konditionierte Verstand das ursprünglich reine Gewahrsein „vernebelt", hat das Denken grundsätzlich den Zweck des Lernens. Das unbewusst gewordene Gewahrsein will nämlich seine ursprüngliche Bewuss*theit* zurück. Dazu muss es herausfinden, wer bzw. was es wirklich ist. So ist das menschliche Leben ein permanenter Lernprozess, der verstanden werden will, damit es vollständig gelebt werden kann. Spirituell betrachtet ist das der Weg zur Erleuchtung, wobei „der Weg" einem Erinnerungsprozess gleich kommt. Das verirrte Gewahrsein erwacht aus dem Traum der Konditionierung, indem es sie in Zweifel zieht. So kann die verdeckte Wahrheit wieder zum Vorschein kommen.

Zu unterscheiden ist dabei das Lernen im Sinne der Anhäufung von Wissen und das Lernen im Sinne von Einsicht gewinnen. Ersteres ist das was man dir von Beginn deines Lebens an beibringt. Es ist ein scheinbares Wissen, das sich auf Theorien stützt. Alles was man dir über das Leben erzählt wird zu deiner Konditionierung. Also nicht nur das was dich zur Person macht, sondern auch das was sich in allen menschlichen Annahmen ausdrückt. Es ist eine reine Konzeptwelt, die jeglicher Wahrheit entbehrt. Nichts kann wirklich gewusst werden. Alles was du glaubst über das Leben zu wissen, kann in letzter Konsequenz immer nur Vermutung bleiben. Doch die Gesellschaft tut so, als wäre alles wahr, weil ihr das Nicht-Wissen Angst macht. Angst hat eine Kultur geschaffen, die nach Sicherheit strebt und damit das wahre Leben in Ketten legt.

Einsicht-gewinnen ist das Gegenteil von Wissenanhäufen. Es ist ein Stillhalten, in der allein sich die Intelligenz des Lebens zeigen kann. Probleme lösen sich nicht mit Denken, sondern mit Abstand zum Denken.

Doch vielen Menschen macht es Angst, sich der inneren Wahrheit zu überlassen, obwohl sie schon oft die Erfahrung gemacht haben, dass ihre Intuition den richtigen Weg weist. „Richtig" in diesem Sinne bedeutet eine für dich in dieser Situation „passende" Lösung und das heißt nicht, dass sie schmerzlos oder leicht sein muss. Die „richtige" Lösung ist nämlich nicht immer das Angenehme. Oft brauchst du kritische Momente, um dir selbst näher kommen zu können.

Doch es scheint leichter, sich einer Menschengemachten Norm anzuschließen, anstatt sich selbst zu vertrauen. Wenn alle anderen dir unangenehm spiegeln, dass du von der Norm abweichst, braucht es Mut zu dir selbst zu stehen. Nur wenn du das Korsett der Angst, das durch gesellschaftliche Regeln geschnürt wird, lockerst, indem du dich ihr stellst und durch sie hindurch gehst, kannst du dem was du wirklich bist nahe kommen.

widerstand & annahme

Der schnellste Weg, Leid in dein Leben zu bringen, geschieht durch Widerstand. Widerstand *ist* Leiden. Sobald du dich über Menschen oder Situationen ärgerst, befindest du dich automatisch im Widerstandsmodus. Dazu gehören alle Gegebenheiten, die dir gefühlt im Weg stehen. Widerstand wird durch alles, was nicht so läuft wie du es dir wünscht, von dir selbst hervorgerufen. Solange du keinen Grund hast, dein Denken und Handeln zu reflektieren, wirst du ihn nicht erkennen. Unbewusstheit versperrt die Sicht. Die gute Nachricht ist, dass die Lösung ganz einfach ist. Die schlechte Nachricht ist, dass du sie wahrscheinlich nicht freiwillig in Betracht ziehen wirst, weil dir natürlich auch hier der Widerstand im Weg steht. Bist du bereit, freiwillig auf Wünsche zu verzichten? Bist du bereit, alles anzunehmen, was dir das Leben bringt?

Annahme zu leben, kann sich anstrengend anfühlen, solange du sie aktiv praktizierst. Solange da jemand ist, der annehmen möchte, existiert immer noch ein Wollen. Echte Hingabe lebt sich ohne Wollen. Sie entsteht alleine aus dir heraus, wenn deine Konditionierung sich löst, weil du dich mehr und mehr erkennst. Sich deiner selbst bewusst zu werden bedeutet also willenlos zu werden.

Wo kein Wille ist, kann es auch keinen Weg mehr geben, der eigenmächtig beschritten werden will. Wo kein Wille ist, kann das Leben fließen, leicht und frei und ohne Widerstand.

Solange du von deiner konditionierten Welt überzeugt bist, ist echte Hingabe nicht möglich. Weil das Ego nicht sterben will, werden Annahme-Rituale zum Spiel, das sich Therapeuten, Coaches und spirituelle Begleiter teuer bezahlen lassen. Doch niemand kann dir helfen dich selbst zu überwinden. Nur du selbst kannst deinen individuellen Widerstand spüren, der im Schattenreich deiner verdrängten Muster sein Unwesen treibt. Um ihn zu lösen brauchst du Wahrheit, was heißt dich selbst anzuschauen, dir selbst auf die Schliche zu kommen, Schmerz zuzulassen und nicht zu flüchten, wenn es unangenehm wird. Wenn du dir das was sich schlecht anfühlt nicht vollständig bewusst machst, kannst du niemals ein Leben ohne Leid führen.

Annahme kann anfangs aktiv wirken, wenn du Einblick in das Funktionieren deiner Welt bekommst, weil Bewusstheit automatisch Energie frei setzt. Jedes Gefühl von Aktivität wird sich aber irgendwann ganz natürlich auflösen. Weder Annahme noch Hingabe sind dann noch Gegenstand des Denkens. Es bleibt einfach das, was aus dir heraus gelebt wird.

Hingabe schließt Leiden aus, weil sie wunschlos ist und sich keine Schlösser baut. Hingabe bedeutet vollständig mit dem Leben zu fließen.

opferrolle & schuldzuweisung

Unbewusstheit hält dich automatisch in der Opferrolle. Du agierst auf der Kind-Ebene und überlässt die Verantwortung für alles Negative anderen. Unangenehme Geschehnisse setzt du nicht mit dir selbst in Bezug. Für dein schlechtes Befinden oder deine negative Situation sind andere zuständig. Sie haben dich in diese missliche Lage gebracht. Eine Verantwortung deinerseits wird nicht in Betracht gezogen. Die logische Folge ist, dass du wahrscheinlich dein Leben lang Probleme mit deinem Umfeld haben wirst, woraus auch Mobbing entstehen kann. Diese Aussage mag dich als Opfer provozieren, doch wenn du tiefer schaust und die Welt deiner Gedanken mit einbeziehst, kannst du die Scheinbarkeit deiner passiven Rolle aufdecken.

Nichts in dieser Welt geschieht ohne Zusammenhang. In der Wirkung von Aktion und Reaktion hat alles eine infinite Ursache. Die Dinge bauen aufeinander auf und vernetzen sich. Das sich wechselnde Opfer-Täter-Prinzip gewinnt damit an Wahrscheinlichkeit und erschafft so eine Realität, die auf Ausgleich zu basieren scheint. Weil sich niemand aus diesem Prinzip ausschließen kann, kann auch keiner berechtigt sein, den ersten Stein zu werfen.

Selbstverantwortung passiert, wenn du den Blick auf dich selbst richtest. Solange du nicht selbstverantwortlich bist, wirst du andere anklagen und schuldig sprechen und es wird dir nicht möglich sein, wahres Mitgefühl zu entwickeln. Verantwortungslosigkeit macht dich asozial und grenzt dich umso mehr von deinen Mitmenschen ab. Ein echtes Miteinander ist nicht möglich. Liebe hat keinen Nährboden. Verantwortung zu tragen heißt auf dich selbst zu schauen und den anderen in Frieden zu lassen. Er trägt sein Päckchen wie du deines.

abhängigkeit & freiheit

Die Krönung der Schöpfung übersieht gewöhnlich, dass sie auf dieser Erde in Abhängigkeit lebt. Ohne die Prinzipien der sie umgebenen natürlichen Phänomene wäre ein Leben auf diesem Planeten nämlich nicht möglich. Wenn du in Zeiten von Corona in leeren Gegenden unterwegs bist, erkennst du klar und deutlich, dass die Erde dich nicht braucht. Sie wird weiter existieren, wenn es dich nicht mehr gibt. Mehr noch, sie wird aufatmen und sich erholen können, weil du deinen materiellen und psychischen Dreck nicht mehr auf ihr hinterlassen kannst.

Abhängigkeit ist auch das Grundprinzip sozialen Miteinanders. Du machst deine Arbeit und wirst dafür bezahlt. Davon kaufst du dir Lebensmittel, für die sich der Bauer krumm macht. Das liegt nicht in deiner Verantwortung, weil er es sich so ausgesucht hat. Vielleicht verdienst du sogar weniger als er und kannst dir seine Produkte gar nicht leisten. Deshalb kaufst du im Billigshop, der genau so überleben muss wie der teure Bioladen. So interagiert jeder im Rahmen seiner Möglichkeiten.

Doch wenn du weißt wie die Welt funktioniert, kannst du Einfluss nehmen. Jedes Leben basiert auf seinen

Bedingungen. Wenn du also etwas an deiner Situation ändern möchtest, musst du dir deine Basis anschauen. Du kannst die Abhängigkeit vom sozialen Lebensraum nicht ändern, aber du kannst die Abhängigkeiten lösen, die scheinbar sind, weil sie nur in deinem Kopf existieren. Die eingrenzenden Prinzipien deiner psychischen Konditionierung müssen aufgedeckt werden, wenn du deinen gewohnten Rahmen verlassen willst. Veränderung kann anstrengend sein und Opfer von dir verlangen. Wenn du nicht verzichten kannst, bleibt alles wie gehabt.

Der Verzicht hat etwas grundlegend Befreiendes. Solange du ihn als negativ betrachtest, wirst du die Freiheit nicht spüren können, die er dir schenkt. Jeder Raucher, der es geschafft hat, sich von seiner Sucht zu lösen, kann das bestätigen. Es macht einen großen Unterschied, ob du etwas tust, weil du gerade Lust darauf hast oder ob du etwas machst, weil es dich danach drängt. Jedes Gefühl von Zwang macht Abhängigkeit genauso offensichtlich wie jedes schlechte Gewissen, wenn du etwas unterlässt. Wenn du wachsam bist und dir den Hintergrund deines Bagatellisierens und Verniedlichens liebgewordener Gewohnheiten bewusst machst, kannst du darin möglicherweise die Vorstufe zur Sucht erkennen.

Ein freier Mensch ist niemand, der sich alles leisten kann, sondern der, der nichts braucht. Das betrifft materielle Güter genauso wie soziale Kontakte. Es macht dich nicht asozial, wenn du „nur" in *Ver*bindung zu Menschen stehst, aber es macht dich abhängig, wenn daraus Bindung wird. Ein wirklich soziales Miteinander lässt den anderen frei und macht ihn nicht zum Eigentum.

konflikte & geistige gesundheit

Weil der moderne Mensch materiell ausgerichtet ist, geht er davon aus, dass körperliche Krankheit die Psyche negativ beeinflusst. Da beides in Wechselwirkung zueinander steht, kann dies in der Tat eine logische Konsequenz sein. Doch Krankheit entsteht im Kopf. Grundsätzlich steuern die Gedanken, die du dir über deine Lebenssituation machst, dein physisches Dasein. Zufriedenheit wirkt entspannend auf deine körperlichen Prozesse. Freude schüttet Hormone aus, die dich energetisieren und rege machen, wohingegen das Gefühl von Mangel zu Trägheit führt. Das Aufstehen fällt dir dann schwer, weil dich dein Selbstmitleid lustlos macht. Alles erscheint dir sinnlos, wenn dir scheinbar mal wieder irgendetwas versagt wird.

Aber niemand kann für deine Gedanken verantwortlich gemacht werden. Allein die Richtung deines Denkens entscheidet über das Wohl oder Übel deines Lebens. Das soll keineswegs eine Aufforderung zum stets positiven Denken sein. Das überlassen wir den Motivationstrainern und Universumbestellern. Wahrer Frieden entsteht nämlich nicht durch positives Denken, sondern durch Nicht-Denken. Denn erst wenn du in eine Richtung denkst, entsteht automatisch eine andere. Allein im Status von „no mind" im Sinne von Neutralität ist ein Konflikt nicht möglich, weil es keine konträren Tendenzen in ihr gibt.

Wenn du also gesund sein möchtest, musst du einen friedlichen Status in dir schaffen, weil Konfliktfreiheit Frieden bedeutet. Leider erscheint es dem Verstand surreal keine Probleme zu haben. Die Wahrheit ist, dass er den konfliktfreien Zustand nicht lange aushalten kann. An der Oberfläche zeigt er sich zwar als Problemlöser, aber im Untergrund wird er durch das ständige Abwägen von richtig & falsch und gut & schlecht zum Verursacher aller Konflikte. Dort spaltet er deine Welt und richtet über dein Leben, indem er dich für all das was du tust oder unterlässt verurteilt.

Gesundheit braucht einen bewussten Geist, der um diese Umstände weiß. Wenn dir klar ist, dass Krankheit aus deinem Unfrieden entsteht, kannst du aktiv dafür sorgen im Gleichgewicht zu bleiben. Jegliche Gefahren, die scheinbar von außen drohen, können dir nicht wirklich etwas anhaben, wenn du dich nicht auf sie einlässt. Infizierst du dich jedoch gedanklich mit Angst oder Negativität wird auch dein Körper entsprechend reagieren. Vielleicht hast du Glück und kannst Krankheit abwehren, wenn dein Immunsystem stimmt. Doch ein kranker Geist hat naturgemäß ein geschwächtes Immunsystem zur Folge. Jeder Versuch, es durch Medikamente oder Sport zu stärken ist auf Dauer wirkungslos, wenn du im geistigen Unfrieden bleibst. Unfrieden und Frieden entstehen durch Denken. Alleine Neutralität schafft die ausgleichende Basis, die dein Körper-Geist-System für ein reibungsloses Funktionieren braucht. So ist Konfliktfreiheit gleichbedeutend mit Gesundheit.

glück, wollen & frieden

Die Frage nach dem Glück kennt so viele Antworten wie es Menschen gibt, denn nach außen projiziert ist Glück natürlich individuell. Der eine wünscht sich einen lukrativen Job, der andere mehr Freizeit, der nächste ein großes Haus und wieder ein anderer wünscht sich die passende Frau darin. Dein Glück hängt damit zusammen, inwieweit deine Wünsche erfüllt werden. Dabei orientiert sich das Maß an deinen Erwartungen. Da du als Mensch auf Mehr-Haben-und-Sein-Wollen ausgerichtet bist, befindest du dich unbewusst überwiegend in Unzufriedenheit, weil der Glücksmoment relativ schnell nach jeder Wunscherfüllung verebbt. Während du dein unglückliches Gefühl mit jedem neuen Wunsch nährst, erhöhst du stattdessen die Wahrscheinlichkeit auf Glück je weniger du brauchst. Nichts-Wollen bedeutet wunschlos zu sein. Nichts-Brauchen bedeutet Freiheit. Die gute Nachricht ist, dass du dein Glück damit selbst in der Hand hast.

Glück an sich scheint in dieser Welt der Konzepte etwas Materielles zu sein. Seine intrinsische Entsprechung ist Frieden. Ein stabiler Zustand von Glück kann nur von innen heraus, also auf geistiger Ebene entstehen und er bedeutet nicht, alles zu haben. Friedlich zu sein, weil du alles bekommen hast was du willst ist Makulatur und kann deshalb immer nur ein vorübergehender Zustand sein. Frieden ist dein Urzustand und er existiert aus sich heraus, wenn du nichts willst. Nichts zu wollen bedeutet nicht auf alles im Leben verzichten zu müssen, denn wenn du in Frieden *bist*, ist jedes Verlangen automatisch gelöscht.

Das Wollen personifiziert sich im Ego als dein Eigenwille. Es erzeugt Unruhe in dir, wenn es die Dinge anders haben will als sie sind. Dabei ist es ganz einfach, in deinem friedlichen Zustand zu bleiben, wenn du nicht nach außen schaust und keinen Widerstand übst. Das bedeutet nicht, dass du dir keine Dinge anschaffen oder keine Veränderungen zulassen darfst. Wenn eine solche Regung aus dir heraus erscheint, dann setzt sie sich von alleine um, indem sie Umstände schafft, die das möglich machen. Der Verstand will das nicht glauben und schickt seine Ungeduld vor. Sie sorgt dafür, dass du das Gefühl bekommst, etwas tun zu müssen. Der „falsche" Weg wird dann offensichtlich, wenn die Dinge anstrengend werden und nicht so laufen, wie du es gerne hättest. Die Sache ist dann zum Scheitern verurteilt, egal wie sicher du das Ganze geplant haben magst.

Wenn sich die Dinge von innen heraus zeigen, dann geschieht das durch ein stilles Sehnen. Da wirken Kräfte, die dich leise ahnen lassen, was durch dich in die Welt getragen werden möchte. Es ist kein Wissen, sondern Gewissheit. Du fühlst, dass das was sich zeigt, „richtig" ist. Mehr noch, du kannst gar nicht anders, als es zu leben und du fragst nicht danach, ob es möglich ist. Du tust es einfach, weil es keine Alternative gibt. Sehnsucht motiviert dein Potential und setzt immense Energie frei, die dir die Umsetzung leicht macht.

Und in allem wirkt Frieden, der keinen Vergleich in sich trägt. Es interessiert dich nicht, was andere tun. Du schaust weder nach Mitbewerbern noch neidest du anderen ihren Erfolg. Du machst dir dein eigenes Bett und trägst für dich selbst Verantwortung. Du ruhst bei allem was du tust in dir, weil da keine Zweifel sind. Denn alles was du aus deinem Frieden heraus lebst geschieht zweifellos. Diese Zweifellosigkeit degradiert jeden äußeren Glückszustand zu einer Farce. In Frieden zu sein bedeutet Zuhause zu sein.

spiegel & selbstverantwortung

Sich vollständig leben zu können setzt Selbsterkenntnis voraus. Solange du dich im oberflächlichen Paradigma der konzeptionellen Welt aufhältst bist du ein Instrument der Gesellschaft und lässt dich reglementieren. Dein Autoritätsglaube macht dich unfrei und kindlich. Angst lässt dich zur Marionette von denen werden die Thesen verbreiten ohne Wahrheit zu kennen. Gerade geschieht Corona und bestätigt dieses Bild. Die Panik hat sich so schnell verbreitet, weil du dich als Mensch hilflos fühlst. Du siehst dich abhängig von Fachleuten, Spezialisten und Politikern, die allesamt ebenfalls nur Menschen sind und auch nicht wissen können was kommt. Wieder wird nur an der oberflächlichen Ebene des Symptoms gearbeitet, während von der Ursache und ihrer Bedeutung niemand etwas wissen will. Das traurige Ergebnis wird vermutlich sein, dass die Menschheit nach dem ganzen Spuk leider genau so weitermachen wird wie zuvor, weil sie nicht tief genug hinterfragt hat. Die aus Angst unbewusst vorgeschobene Solidarität wird so schnell wieder verschwinden, wie sie aufgetaucht ist. Alles geht wieder zurück auf Anfang bis die nächste Katastrophe kommt, weil die wenigen Leute, die hinter die Fassade blicken, nicht gehört werden.

Angst ist kein guter Berater. Sie hält dich klein. Sie macht dich mutlos und sie macht dich dumm. Allein Selbsterkenntnis kann dich aus dem Kreislauf der Selbstzerstörung befreien, der sich gemeinhin Leben nennt. Wir brauchen weder „me-too", noch kurzzeitige Solidarität, sondern Selbstverantwortung. Sie allein kann die Welt in einen dauerhaften Frieden führen. Kannst du dir vorstellen, wie unser Miteinander wäre, wenn jeder tatsächlich für sich selbst verantwortlich wäre? Wenn jeder nur vor seiner eigenen Tür kehren würde, wohl wissend und respektierend, dass jeder sein eigenes Päckchen zu tragen hat? Wäre es nicht befrei-end, ohne Schuldgefühl zu sein, weil du weißt, dass du dem anderen nicht *wirklich* helfen kannst und deshalb *in letzter Konsequenz* nicht musst (Unmündige und Notlei-dende natürlich ausgeschlossen)? In Selbstverantwor-tung zu leben bedeutet Respekt vor dem Anderen zu haben. Er darf so sein wie er ist, weil sein Leben allein in seiner Verantwortung liegt.

Für die moderne Menschheit ist es bereits zu spät. Äu-ßere Gesetze scheinen notwendig, um eine Horde schwererziehbarer Kinder in den Griff zu bekommen. Niemand wacht auf und erkennt diese Tatsache. Jeder wünscht sich einen Gott, der die Dinge für ihn aus-kämpft und dem er die Schuld geben kann.

Mag sein, dass dir dieses Kapitel gegen den Strich geht. Aber ist es nicht so, dass der Mensch erst und nur dann reagiert, wenn es richtig unangenehm für ihn wird?

Karl Marx sprach von der „Religion als Opium des Volkes". Sein Satz könnte „den Zustand geistiger Umnachtung" oder „die Vernebelung des Geistes" beschreiben. So kontrovers die unterschiedlichen Glaubensrichtungen in ihrer Auslegung sind, so verschieden sind ihre Wahrheiten, die dir jede von ihnen als die ultimative und einzig wahre verkaufen will, was ein Widerspruch an sich ist. Einzig wahr ist, dass dich nichts eindeutiger zum Kleinkind degradiert wie das religiöse Dogma. Mit Verbreitung von Angst und Schuld hat es dich fest im Griff und reglementiert dein Leben. Warum wird das nicht erkannt? Was ist so schwierig daran, mitfühlend von dir auf den anderen zu schließen und ihn so zu behandeln, wie du selbst gerne behandelt werden möchtest? Wozu braucht es Gott und seine Gebote? Kannst du die Wahrheit in dir selbst nicht fühlen?

Lass dir von niemandem Angst machen und wende dich nach Innen. Schau dich genau an und erkenne wie du funktionierst. Nimm die Welt als Spiegel und alles was dir passiert als Lehre. Versuche die Aufgabe in jeder Situation zu verstehen indem du dich fragst, weshalb sie dir geschieht und was sie dir sagen will. Schaue dir vor allem die Menschen an, die dich ärgerlich machen und frage dich, womit genau du in Resonanz gehst. Alles was dir begegnet dient dir als Spiegel und zeigt dir dein eigenes Bild. Oft steckt hinter dem Ärgerlichen verdeckter Neid oder eine Wesensart, die du selbst zeigst, aber vor dir verleugnest.

Dich selbst zu erkennen bedeutet Freiheit und sie schafft Verständnis für den anderen, weil du weißt, dass es ihm genauso geht wie dir. Eine natürliche Nächstenliebe ist die Folge, die dich mit jedem verbindet ohne gebunden zu sein.

Selbstverantwortung allein enthebt dich aus der Kindrolle in die erwachsene Ebene. Dann bist du Vernunft, die im Anfang aller Dinge ist. Psychische Angst hat keine Grundlage mehr. Die Welt ist dann das was du siehst und nicht das, was man dir von ihr erzählt. Deine Augen sind geöffnet und deine Wahrnehmung ist rein und klar.

isolation & beziehung

Gurus, Spirituelle Meister und selbsternannte Speaker arbeiten manchmal mit geführten Meditationen. Dabei formulieren ihre Gedanken ihre Worte, die dich für diesen Moment der Stille entspannen und beruhigen mögen. Aber können dich die Gedanken eines anderen wirklich in einen dauerhaften Zustand des Friedens führen? Wohl kaum, denn *ihre* Gedanken sind nicht *deine* Wahrheit. Dich den Worten Anderer zu überlassen, bedeutet vom eigenen Weg abzukommen.

So wie alles was du von anderen hörst oder liest nur eine Anregung sein kann, macht auch eine (selbst-)verordnete Isolation nur für einen begrenzten Zeitraum Sinn. Jeder spirituelle Sucher kennt die Geschichten Erleuchteter, die oft jahrelang in abgeschiedenen Höhlen leben. Sie versuchen in der Stille das zu finden, was über ihr Menschsein hinausgeht. Sie verlassen das phänomenale Paradigma und öffnen sich einer Absolutheit, die das Leben als Einheit begreift. Es wird ihnen möglich, quasi von außen in die Welt hinein zu schauen. Wenn sie ihre Isolation verlassen und in die laute Welt des Wettbewerbs zurückkehren, leben sie zwar in ihr, aber nicht mehr mit ihr. Sie haben die Illusion durchschaut und sind so weit wie möglich dekonditioniert, weshalb sie sich nicht mehr in menschliche Dramen hineinziehen lassen.

Wenn du tief genug in deine Innenwelt schaust, entdeckst du eine Ebene, die völlig unkonditioniert ist. Der Blick nach Innen, der durch Isolation erleichtert werden kann, dient dir zur Verarbeitung deiner Erlebnisse und findet damit nicht nur einmal in deinem Leben statt, sondern fortwährend, wenn äußere Erlebnisse Resonanz in dir auslösen. So kann Selbsterkenntnis letztendlich nicht stattfinden ohne das Gegenüber, zu dem du *immer* in Beziehung stehst. Ohne Beziehung keine Erkenntnis.

Gewöhnlich wird die Beziehung auf das Zwischenmenschliche reduziert und leider findet sie genau dort keinen echten Nutzen, weil sie missverstanden wird. Beziehungsprobleme entstehen nicht, weil dich dein Partner nicht versteht, sondern weil du dich selbst nicht verstehst. Die einzige Aufgabe deines Partners ist es, dir dein eigenes Spiegelbild zurück zu werfen. Doch wenn du nur einseitig das was der andere tut und lässt bewertest und verurteilst, bleibt dein Spiegel blind.

Psychotherapeuten können dich zwar darin unterstützen, eine Erklärung für dein Verhalten zu finden, sie wären aber gänzlich überflüssig, wenn der Mechanismus der „Schattenarbeit" richtig kommuniziert und verstanden werden würde. Doch der Mensch flüchtet lieber in fadenscheinige Beziehungen und hält ihren Schmerz aus, als sich zu offenbaren und seine eigenen Unzulänglichkeiten aufzudecken. Wenn deine Beziehungen nicht stimmen, stimmt etwas in dir nicht. Du kannst nur dann mit einem Menschen in Harmonie leben, wenn du in dir selbst harmonisch bist.

Dich lediglich in menschlichen Beziehungen entdecken zu wollen, wäre allerdings nicht genug, denn Beziehung bezieht sich auf alles, was dir in deinem Leben begegnet und sie drückt sich in allem aus, was in dieser Welt existiert. Deine gesamte Umwelt steht in Bezug zu dir, die Natur, die Elemente, Materielles und Immaterielles. Leben *ist* Beziehung. Kannst du die Stille des Waldes genießen und seine Schönheit sehen? Fühlst du den Wind und die Kraft des Meeres? Macht dich der Frühling lebendig oder reagierst du mit Allergien? Ist dir der Winter zu dunkel oder liebst du seine friedliche Ruhe? Bist du liebevoll zu Tieren und anderen Geschöpfen oder landet alles in deinem Kochtopf? Machen dir riesige Berge Angst oder fühlst du dich herausgefordert? Kannst du entspannt auf einer Wiese liegen, das Spiel der Wolken am Himmel betrachten und in die Energie der Sonne eintauchen? Nichts kann dir ehrlicher zeigen wer du bist und wie intensiv oder oberflächlich du lebst, als der Spiegel der Welt.

liebe & das wahre ich

Dich ganz auf das Leben einzulassen, es intensiv zu spüren, öffnet das Tor zu deinem WAHREN ICH. Es lebt in dir, verborgen, solange du dich von der Außenwelt blenden lässt. Je mehr du dich erkennst, desto deutlicher lässt es sich wahrnehmen. Mit der Einsicht, dass du von nichts wirklich getrennt bist, beginnst du dein WAHRES ICH wahrhaftig zu leben. Obwohl du in diesem scheinbar individuellen Körper lebst, bist du EINS mit allem was sich außerhalb von ihm zeigt. Es ist Liebe, die jede Unwahrheit ans Licht bringt und alle Konzepte sprengt.

Selbsterkenntnis ist der Prozess, der die Aufhebung der Trennung in Gang setzt. Was bleibt ist die Einheit allen Lebens, die Liebe ist und deren Ausdruck du allem entgegen bringst was dich umgibt. Liebe ist also der innere Kern aller Dinge in dieser Welt und du findest ihn in guten wie in bösen Exemplaren. Es mag dir manchmal schwer fallen, die Liebe in arroganten oder boshaften Menschen zu sehen, doch du wirst nicht mehr auf sie reagieren, wenn du dir bewusst machst, dass sie nicht wissen wer sie sind. Sie leiden weiter in einer Welt, die sie selbst erschaffen.

leben ohne leiden

Ich möchte an dieser Stelle auf das verweisen, was das Leben in seiner tiefsten Tiefe ist: sinnlos. Das Erfassen dieser Wahrheit gleicht dem menschlichen Tod, weil ohne Sinn kein Leben in dieser phänomenalen Welt möglich ist. Tiefste Depression ist das Gefühl intensiver Sinnlosigkeit und fühlt sich an wie das Anhalten der Welt. Wenn du nicht fliehst, wenn du hinein schaust in die Schwärze des Sinnlosen und den Schmerz aushältst, dann beginnt im nächsten Moment der gewaltige Strom der Urkraft des Lebens in dir zu fließen und schleudert dich zurück ins Leben.

Es ist die eine Energie, die wir alle sind und die nur gespürt werden kann, wenn wir uns in der tiefsten Ebene unseres Seins wahrnehmen. Wir brauchen dazu offensichtlich den Schmerz, weil wir uns ansonsten niemals auf diese Ebene einlassen würden. Zu sehr verlockt das äußere Glück, nach dem der Mensch über die Sinne verlangt. Niemals wirst du diese Urkraft in dir spüren können, wenn du nicht über das Mensch-Sein hinausgehst, indem du nicht vor dem Schmerz davon läufst, sondern dich ihm stellst. Das Verlangen nach Trost, Lob, Anerkennung und Dankbarkeit ist nur dazu da, um dich vom Lebensschmerz abzuhalten, der allein die immense Freude des Seins hervorbringen kann.

Dass „dein" Leben dir gehört, ist eine Illusion! Gar nichts gehört dir, weil du alles, was du jemals hattest und glaubtest zu sein, verlieren wirst. Alles verpufft wie ein Traum. Und vor dieser Wahrheit läufst du davon, jeden Tag aufs Neue. Du kannst in allerletzter Konsequenz dein Leben nicht *wirklich* beeinflussen. Das Ego, der beschränkte Verstand, mit dem du identifiziert bist, hat keinen Einfluss. Doch wenn du erkennst was du wirklich bist und dadurch als EINS mit dem Strom des Lebens fließt, ist nichts mehr da, das es anders haben will als es ist. Weil Widerstand und Absicht fehlen, findet auch kein Einfluss mehr statt. Wenn du „bis ans Ende der Welt" gegangen bist, lebst du im geistigen Paradigma der Willenlosigkeit, das außerhalb des Leidens liegt und absolute Hingabe bedeutet.

Doch als menschliche Form bleibt dein Platz in dieser Welt. Und weil du in Beziehung zu allem stehst, kann Schmerz passieren, wenn dir etwas genommen wird, was dir lieb ist. Und obwohl du weißt, dass das die Bedingungen dieser Welt sind, kannst du traurig sein, aber nur dann, wenn du dich mit deinem Ego-Verstand identifizierst, was Denken bedeutet. Außerhalb des Ego-Verstandes ist kein Denken da. Das ist das „Jetzt", das außerhalb des zeitlichen Paradigmas kein Moment ist, sondern ein geistiger Zustand, in dem du dein Tun nicht kommentierst. Ohne Denken kann kein Leiden da sein. Es tritt erst auf, wenn du über etwas nachdenkst.

eine persönliche Geschichte von sinn-losigkeit, tod & leben

Dieses Kapitel schrieb ich ursprünglich für die Idee einer biografischen Erzählung, in der sich das Leben aus dem Paradies der Einheit in die Hölle der bipolaren Welt verirrt. Es geht um den Abschied von meiner Hündin Sira und hätte vermutlich das Buch beendet, so wie der Tod das weltliche Leben abschließt. Das was ich nach ihrem Verlust hier beschrieben habe, könnte ich heute nicht besser oder wahrhaftiger ausdrücken. Deshalb habe ich mich dazu entschlossen, es unverändert in seiner erzählenden Form in diesem Buch zu teilen. Das Kapitel umfasst einen Zeitraum von ungefähr neun Monaten, der Leben und Tod in einer sehr intensiven Form beschreibt. In gewisser Weise ist es ein Tatsachenbericht, der deutlich macht, wie du deine Konditionierung aufdecken und dadurch deiner eigenen Wahrheit näher kommen kannst. Deinen tiefsten Schmerz auszuhalten, heißt ihn zu heilen. Trauer bedeutet das Ende des Leidens durch Lösung des Widerstandes und Annahme der Realität und sie führt dich aus konditionierter Abhängigkeit hinaus in die Freiheit, wenn du sie bedingungslos durchlebst.

für sira

Der Frühling kam endlich in den Norden und lockte mit all seiner Kraft, doch gleichzeitig fühlte ich mich zurückgehalten. Meine Hündin Sira befand sich in ihrer letzten Lebensphase, unklar, wie lange diese sich hinziehen würde. Ihr Lebensgeist löste sich schließlich innerhalb sieben Monate zuerst fast unmerklich aus ihrem Körper, bis er am Ende in großen Schritten entwich. Da es Wünsche nicht wirklich gibt und deshalb auch nichts in Erfüllung gehen kann, durfte Sira ihr Ende nicht selbst bestimmen. So wie sie mich einst in die körperliche und geistige Bewegung zwang, so lag es jetzt offensichtlich an mir, dem Impuls zu folgen und sie in den Frieden zu führen.

Selbst wenn aus übergeordneter Sicht der Einheit die Getrenntheit des Lebens eine Illusion ist, erlebst du unausweichlich als Menschenform in dieser phänomenalen Welt eine Trennung der Körper, die dich zum anderen hinzieht oder abstößt. Wir nennen ersteren Zustand Liebe, und keine Worte können ausdrücken, welchen Schmerz es auslöst, wenn die geliebte „Form", mit der du dich 16 Jahre eins gefühlt hast, verlässt und mehr noch, wenn du diese Form „beenden" (lassen) musst, weil sie sich zu quälen beginnt. Und obwohl aus ganzheitlicher Betrachtung heraus die Dinge eher emotionslos kommen und gehen, tritt der Schmerz auf menschlicher Ebene ein. Er führt seinen wilden Tanz an der Oberfläche des Seins auf, doch er trägt kein Leiden in sich, wenn du keinen Widerstand übst. Schmerz ohne Widerstand wird getragen. Du fühlst ihn, doch er ist nicht selbstzerstörerisch.

Anfangs setzte ich mich auf Siras Platz, wenn der Schmerz kam und schaute direkt in ihn hinein. Durch den intensiven Blick in unsere Beziehung konnte ich die Wahrheit sehen. Offensichtlich hatte sich zum Ende unseres gemeinsamen Weges die Illusion eingeschlichen, wir könnten für immer zusammen sein. Ich fühlte mich so unendlich verschmolzen mit ihr, dass ich gerne bis ans Ende der Zeit mit ihr gelaufen wäre. Ich spürte, dass ich sie nicht hergeben wollte und wurde mir meiner Anhaftung bewusst. Im Moment ihres Todes, als ihr Köpfchen in meiner rechten Hand lag und meine linke ihren Hals streichelte, nahm ich zwar wie durch einen Nebel wahr, dass dies der erste und letzte Abschied ist und ich sie nicht mehr mit nach Hause nehmen durfte, doch hier, vor ihrem Bild sitzend, sehnte ich mich so sehr nach ihr, dass mir für einen sehr heftigen Moment alles sinnlos erschien; nicht nur mein Umzug in den Norden, sondern das ganze Leben.

Ich schaute in den Abgrund, in den ich schon einmal geblickt hatte. Damals war es die tiefe Einsamkeit gewesen, durch die ich hindurch musste, um meinen Geist zu befreien. Doch dieses Mal sah ich in den grauenhaften Schlund absoluter Sinnlosigkeit. Das ist der Ort, an dem die Welt endet. Es war kaum zu ertragen und zum allerersten Mal in meinem Leben kroch der Gedanke in mir hoch, diesem sinnlosen Leben ein Ende zu setzen, weil meine gesamte Lebenssituation gerade am Ende vollständig auf Sira ausgerichtet war.

Tatsächlich riss mich die absolute Wahrheit, dass das Leben in dieser phänomenalen Welt in seinem Urgrund von unerträglicher Sinnlosigkeit ist, zu Boden. Es ist eine so tiefe Einsicht, dass sie brutal nach oben schießt und den Geschmack von Depression und Hoffnungslosigkeit in sich trägt. Es ist die Leere, vor der du nicht davonlaufen darfst, sondern aushalten musst. Du musst in ihr erbarmungsloses Gesicht schauen und ihre Härte ertragen, die dich trostlos zurück lässt.

Dieses Leben trägt eine unergründliche Stille in sich, die dich hinein zieht, wenn du es zugelassen hast, so tief zu sinken. Doch in dem Moment, in dem du dich ihr vollständig ergibst, scheint plötzlich ein Funke auf dich überzuspringen und deinen Geist zu erhellen. Wenn du der Sinnlosigkeit Raum gibst, kann etwas in ihr entstehen. Du wirst dir bewusst, dass dieses sinnlose Leben von dir erfüllt sein will. Dass es an dir liegt, dieses weiße Blatt zu bemalen, deinen eigenen Lebensfilm zu drehen. Bewegung ergreift deinen Geist und was immer er dir zeigt, kann dich mit Leben erfüllen, denn Leben bedeutet Bewegung, Sinnlosigkeit ist der Antrieb und Freude der Weg.

Als mein Motor wieder ansprang sah ich klar und deutlich, was ich mit Siras Urne zu tun hatte. Der tiefe Schmerz hatte mich für einen Moment bewusst-los gemacht. Doch nun kam die Gewissheit zurück, dass es nicht anders hatte geschehen können, als es geschehen war. So wie Schmerz Wahrheit hervorbringen kann, kann Frieden Schmerz bedingen. Ich entließ ihre Asche in einem natürlich gewachsenen kleinen Ruhewald über der Steilküste in die Freiheit. Als ich anschließend zurück zur Mole ans Meer lief erschien ein Regenbogen, der sich von der kleinen Insel des Naturschutzgebietes über das Wasser zum Festland spannte, so als würde er zwei Welten miteinander verbinden.

Es heißt immer so schön, dass Hunde dir alles geben. Doch mit Sira war das anders gewesen: Sie hatte mir alles genommen was mir einmal wichtig erschienen war und was ich glaubte zu sein. Allein durch ihr SoSein hatte sie mich in die Knie gezwungen, was Verzicht auf

allen Ebenen bedeutete. Tiere sind rein, weil unkonditioniert. Sie sind echt und pur, denn sie denken nicht
über das nach was sie tun. Anders als die meisten anderen Hunde spendete Sira mir keinen Trost. Sie ver-
hielt sich wie ein Zen-Meister, der dich nur immer wieder auf dich selbst verweist. Sie war mein Guru, meine
Lehrerin, mein brutal ehrlicher Spiegel, mein Alles. Ohne sie wäre ich nicht da, wo ich heute bin.

Weil der Schmerz immer wieder heftig zurückkehrte,
begann ich seine Wellen zu beobachten. Was passiert
wenn eine geliebte „Form" dein Lebensspiel verlässt?
Was genau hat mich verlassen? War es Gewohnheit,
Sinn und Inhalt, ein Umsorgen und Verantwortung tragen, eine Stütze, Ausrichtung, Antrieb? Allem voran
bedeutete Sira für mich das, was sie mich gelehrt hatte,
bedingungslose Liebe, und mir fehlte diese unbändige
Lebensfreude, die wir bis dahin geteilt hatten.

Ich untersuchte bis ins letzte Detail unseren gemeinsamen Weg nach Abhängigkeit, Verlangen und Sehnsucht
und ließ alles was ich fand ans Licht kommen. Ich wuss-
te längst, dass wir in einer symbiotischen Beziehung
gelebt hatten und das nicht nur, weil wir uns gegenseitig so sensibel spürten, sondern weil der scheinbar Andere immer die Projektion eines Selbst ist. Sira war das
Objekt, dem ich meine bedingungslose Liebe schenkte

und alles was sie mir spiegelte war ein Ausdruck meiner selbst. Nun war dieser Spiegel weg und ich blickte in die Leere.

Beziehungen jeder Art wollen in ihrem innersten Kern Liebe ausdrücken, doch in dieser „falschen" Welt bedeutet Liebe nicht Bedingungslosigkeit, sondern Verlangen nach ihr. Sie wird eingefordert, jeder will geliebt werden. Bedingungslose Liebe funktioniert genau andersherum: sie verschenkt sich und fragt nicht nach einem Ausgleich. So spielte es nie eine Rolle für mich, ob Sira mich liebte oder nicht.

Wenn eine Situation in dein Leben tritt, aus der die Frage nach dem was dir am meisten fehlt hervor bricht, wird dich ihre tiefgründige Antwort am schnellsten in deine Wahrheit führen. Denn in dem was dir scheinbar fehlt ist deine Sehnsucht verborgen. Und in deiner Sehnsucht steckt das was dich erfüllt, wenn du ihr nachgehst und sie „wahr werden lässt". Was mir jetzt am meisten fehlte war nicht geliebt-zu-werden, sondern bedingungslos lieben-zu-dürfen.

Ich begann auch intensiv zu beleuchten, was auf menschlicher Ebene emotional passiert, wenn etwas Geliebtes deine Lebenssituation verlässt. Da ist ein stechender Schmerz, der sich anfühlt, als würde die Zeit anhalten und sich zurückdrehen. Es ist die Wehmut, die

die Tür zur Vergangenheit öffnet und dir ihre Bilder vorgaukelt, die nicht mehr Wahrheit sind. Wehmut ist eine Lüge, weil das was in ihr erscheint nicht mehr ist. Die Gedanken von „rückgängig-machen und wiederhaben-wollen" entspringen der Illusion; das „Nicht-hergeben-und-Festhalten -und- Andershaben-Wollen" sind Widerstand. Widerstand ist die erste Ursache von Leid und kann ein Gefühl tiefer Ohnmacht hervorrufen, wodurch Aggression oder Hoffnungslosigkeit entstehen, die dir alle Lebensfreude nehmen. Du erkennst deine eigene Kleinheit, deine Machtlosigkeit und entweder du erstickst im Selbstmitleid und versteckst dich in einer Depression oder du wirst bösartig und zynisch.

Wehmut dreht das Rad der fortwährenden Hätte-Vorwürfe und Schuldgefühle, der andauernden Frage nach Richtig & Falsch und was-besser-gewesen-wäre. Wenn du wehmütig bist, denkst du über etwas nach, das sich auf die Vergangenheit oder Zukunft bezieht. Ein solches Denken ist der Ursprung allen Leidens, weil dich sein illusorischer Inhalt aus dem Jetzt des Lebens zieht und in einer vergangenen Zeit festhalten oder in eine zukünftige transportieren will, die nicht mehr oder noch nicht existiert.

Das Erkennen dieser Wahrheit läutet die Phase der Trauer ein, die Heilung mit sich bringt. Trauer bedeutet

Einsicht in die Realität, die sich zuerst sehr einsam anfühlen kann. Doch nur in dieser Wahrheit, im Akzeptieren und Aushalten dieses Alleinseins kann die Ausrichtung auf das was *jetzt* im Kreislauf dieses Phänomenalen gelebt wird entstehen. In dieser schmerzvollen Tiefe erkennst du, dass Trauer bedingungslose Liebe ist, die sich nicht zum Ausdruck bringen kann, weil sie durch die Unbewusstheit, die das Denken hervorruft, blockiert wird.

Und auch dem Prozess des Sterbens schenkte ich bereits Monate vor Siras Tod meine vollständige Aufmerksamkeit. So wie ich meinen eigenen „spirituellen Ego-Tod" erlebte, den ich in einem anderen Buch beschrieben habe, findet der reale Tod in dieser Welt auch tatsächlich in allen Lebewesen statt. In Siras letzter Lebensphase durfte ich beobachten, wie das Leben mehr und mehr seine Objektbezogenheit verliert, sich also von der Außenwelt abwendet. Das geschieht in erster Linie durch den Rückzug der Sinne. Dein Gehör lässt nach und dein Augenlicht verdunkelt sich, dann gibt dein Geruchssinn auf und schlussendlich kann dein fehlender Geschmackssinn in Form des Appetitverlustes zur Verweigerung der Nahrungsaufnahme führen. All das nahm ich an Sira wahr, während das Verschwinden des Tastsinns im Hinblick auf den Rückzug ihres Wesens auch von mir selbst ausgehalten werden musste, bis schließlich ihre einstige Form nicht mehr da war. Der Rückzug der Sinne bedeutet das Sterben des Verlangens, was die Auflösung des Eigenwillens (Ego) nach sich zieht. Was bleibt ist die absolute Hingabe in das was ist und sie ist es, die uns sanft aus dem Leben trägt, wenn wir uns ergeben haben.

Siras letzte sieben Monate waren nicht leicht gewesen, nicht für sie und auch nicht für mich. Alle Nächte in diesem Zeitraum waren von ständigen Unterbrechungen gezeichnet. Doch durch die Annahme dieser Situation fühlte ich mich trotz kurzen Schlafes frisch. Mein täglicher Jogginglauf am frühen Morgen brachte mir die notwendige Distanz, die mich in dieser Phase in meiner Mitte hielt. Mehr Kraft kostete das tägliche geistige Abschiednehmen, wobei mich das gleichzeitig sanft und demütig machte. So schrecklich er dann war, geschah der letzte Moment jedoch ohne Zweifel. Ich war mir gewiss, dass es keinen anderen Weg gab, außer dem, der sich in diesem Moment auftat.

Mir war zu diesem Zeitpunkt noch völlig bewusst, dass ich zwar oberflächlich betrachtet mit Siras Form verbunden gewesen war, dass die Verbindung im tiefsten Grunde aber das war, *was* ich mit ihr gelebt hatte. Mir wurde auch durch unsere letzte Zeit, in der wir so unglaublich intensiv EINS waren, klar, dass mir überhaupt nichts Materielles mehr *wirklich* etwas bedeutete. Das einzige, was für mich noch einen Sinn ergab, lag in dem *was* wir gelebt hatten und das ist bedingungslose Liebe.

Weil der Schmerz immer wieder zurückkam, überließ ich mich schließlich dem Drang, mich stundenlang draußen herumzutreiben bis mich endlich die Einsicht traf, dass sich mein Widerstand nicht auf ihren Tod und den Schmerz als solchen bezog, sondern auf die neue Lebensphase ohne Sira, die jetzt zwangsläufig eingetreten war. Die Wahrheit war nun mal, dass ich nichts mehr für sie hatte tun können und dass das gemeinsame Leben mit Sira damit unwiderruflich beendet war. Und genauso offensichtlich war es, dass nun eine „neue Zeit" anbrechen musste, weil es sich so bedingt. Doch ich bot dieser Aussicht heftigsten Widerstand, auch wenn man mir von außen ein neues Leben mit dem wieder erlangten Vorzug der Unabhängigkeit schmackhaft machen wollte. Ich wollte einfach nicht mehr mitmischen in dieser ach so coolen Welt, in der jeder den illusionären Traum von Freiheit träumt. Ich sah schon lange keinen Sinn mehr darin, mich selbst in den Mittelpunkt allen Interesses zu stellen und irgendwelchen Dingen nachzulaufen. Und das alles abgesehen davon, dass mich heftige Schuldgefühle gefangen nahmen.

Als ich mich wieder einmal stundenlang am Strand herumtrieb und dem hässlichen Spiel meines Verstandes ausgeliefert war, der mich mit Selbstvorwürfen bombardierte, zerbrach durch die Heftigkeit der Auseinandersetzung plötzlich mein Widerstand gegen ein Leben ohne Sira. Ich hatte mich so in die geistige Distanz gelaufen, dass ich in der Lage war, der Szene zuzuschauen. So konnte mir wieder bewusst werden, dass sich der Verstand seiner tiefsten Konditionierung treu bleibt und dass deshalb alles was er mir sagt immer nur eine Lüge sein kann. Das änderte zwar an meinem Schmerz nichts, ließ mich jedoch endlich wieder völlig passiv und reaktionslos sein. Weil der Verstand immer Recht hat, kann jede Rechtfertigung nur schonungslos an der Mauer der Konditionierung abprallen, was dich automatisch zum „Falschen" bzw. Schuldigen macht. Nichts kann deine Konditionierung ändern, keine Hypnose, kein NLP oder noch so teurer Spuk. Das einzige, was du tun kannst, um deiner Konditionierung zu entkommen, ist das vollständige Verlassen dieser falschen Welt der Werte und Bedingungen. Nichts kann je anders sein als es ist und allein der Versuch, daran etwas ändern zu wollen, treibt dich in die Hölle der Illusion von Macht.

Auf einmal schien mir mein struktureller Rahmen eng und ich verbannte die Zeit so weit es irgend möglich war aus meinem Alltag. Abgesehen von notwendigen

Terminen ließ ich den Dingen ihren Lauf. Gefühlt weitab von allem lebte ich das Jetzt alleine ohne Hund nahezu emotionslos. Nur der Gedanke an Sira und das Hervorrufen der Bilder bedeuteten Schmerz. Weil sie nun mal nicht mehr lebendig war, löschte ich alle Videos von ihr. Ihre Fotos verblieben auf meinem Laptop. Für eine gewisse Zeit befand ich mich in einem völligen Egal-Zustand, der nichts mehr von mir übrig zu lassen schien.

Definitiv war Siras Tod das Schlimmste gewesen, was mir bis dahin in meinem Leben passiert war, und ich kann behaupten, dass da eine Menge unschöner Dinge geschehen sind. Siras Tod hatte mich in hohem Bogen aus meinem friedlichen Einheitsbewusstsein katapultiert und in die Hölle der egozentrischen Welt hinabstürzen lassen. Mein Verlust auf menschlicher Ebene hatte von mir offensichtlich nicht emotionslos in noumenaler Distanz verarbeitet werden können. Ich musste durch den menschlichen Schmerz hindurch, um die Realität annehmen zu können, was den „Kommentator" wieder hervorrief. Das Denken ist der „Gegenspieler" des Lebens, denn Leben ist ein Geschehenlassen ohne Abspaltung, also ohne dass sich ein getrenntes Bewusstsein einbildet, etwas anderes bewirken zu können als das was ist. Denken ist der Glaube daran, sich einmischen zu können. Und der alles kommentierende Einmischer fühlt sich vom Leben verraten, wenn die Dinge nicht so laufen, wie er sie sich vorgestellt hat. Du kannst als Mensch nicht in Frieden leben, wenn du nicht erkennst, dass du selbst der Kommentator, Einmischer, Verstand bist, der dir aus deinem konditionierten Denken heraus Vorwürfe macht und Schuldgefühle einredet oder dich zur Rechtfertigung zwingt. Die ganz natürliche Hingabe kann nur von den Tieren gelebt werden, weil da kein Einmischer ist; Tiere *sind* Hingabe.

Als ich am Strand wieder in das Bewusstsein zurückfand, dass ich als Form in meinem Menschenkleid begrenzt bin und nichts wirklich in der Hand habe, wurde ich den „Besserwisser" endlich wieder los. Die demütige Tatsache, dass ich Sira weder von ihrem Gebrechen hatte befreien können, noch in der Lage gewesen war sie zu heilen, deckte meine Schuldgefühle und Selbstvorwürfe auf. Du musst an den Punkt kommen, an dem du deine Ohnmacht spürst und tiefe Verzweiflung dir diese Klarheit schickt. Ich war vor dem Gefühl der Machtlosigkeit täglich davon gejoggt, bis ich schließlich nur noch dem Impuls folgen konnte, der mich am Ende zweifelsfrei zum letzten Schritt zwang. Kein Mensch, der in diesem Punkt von sich behauptet, ein Tier „erlöst" zu haben, kann sich seiner absoluten Machtlosigkeit bewusst sein.

Drei Monate nach Siras Tod schlich sich schließlich erneut ein Terrier-Welpe in mein Leben. Da dies vollkommen den Vorstellungen widersprach, die sich mein Verstand zwischenzeitlich gemacht hatte, konnte diese Tatsache nur auf einen Prozess der Einsicht hinweisen, die so enorm sein musste wie ihr Einfluss auf meine Lebenssituation. Tatsächlich hatte ich mich nämlich zu diesem Zeitpunkt wieder wohl mit mir alleine gefühlt. Ich brauchte nichts weiter, obwohl mir natürlich bewusst war, dass mich die derzeitige Situation nicht auf Dauer erfüllen würde. Wieder schien ich wie damals, als Sira in mein Leben stolperte, die Wahl zu haben, entweder mein Leben mit einem hündischen Begleiter zu teilen oder mir wieder ein neues Business zu basteln. Letzteres erschien mir erneut wie ein Zurück in eine Welt, die ich längst verlassen hatte.

Weil Leben Lernen bedeutet, erfüllt die kleine Nala in erster Linie ihre Spiegelfunktion. Allein durch ihr Dasein wird eine rückläufige Erkenntnisspirale in Gang gesetzt, die parallel im täglichen Miteinander retrospektiv meine Beziehung zu Sira weiter durchleuchtet. So habe ich erkannt, dass unsere extreme *Ver*bindung zu Teilen auf meine Schuldgefühle zurückzuführen war, was sie zur Bindung, also Abhängigkeit werden ließ. Dass dieser Triggerpunkt durch die sehr intensive Trauerarbeit gelöst werden konnte, wird jetzt durch Nala offensichtlich.

Das gewohnt schlechte Gewissen, wenn ich mich Sira gegenüber durchsetzen oder zu meinen Bedürfnissen stehen wollte, tritt im Zusammenleben mit Nala nicht mehr nennenswert auf. Heute gibt es keine Symbiose mehr, weil wir eine *Ver*bindung leben, die den anderen so weit wie möglich frei lässt.

Dass es nun doch wieder einen tierischen Begleiter in meinem Leben gibt, ist hauptsächlich auch der Tatsache geschuldet, dass mir ein menschlicher unmöglich erscheint. Da existieren schon seit über einem Jahrzehnt keine Bilder mehr im Kopf, was für die Außenwelt oft schwer nachvollziehbar ist. Die Möglichkeit, in einer gewohnt heterosexuellen Beziehung zu leben, taucht in meiner Vorstellung genauso wenig auf, wie eine andere. Das Leben im „Jetzt" löscht alle Vorstellungen noch bevor sie erscheinen. Da gibt es keinen Plan mehr im Kopf wie es sein könnte, denn das Gegenwärtige kennt keine Wünsche. Es fühlt sich an wie eine Befreiung aus einem Kreislauf der Abhängigkeit, die auch durch die Sexualität jedweder Ausrichtung verstärkt wird. So animalisch-befriedigend und sinnlich-liebevoll er auch sein mag, ist er, wie alles andere auch, schlussendlich nur Mittel zum Zweck eines Geistes der sich unvollständig fühlt.

Als konditionierter Mensch dieser Gesellschaft kannst du Bedingungslosigkeit nicht wirklich leben. Doch wenn du bereit bist, dich auf die Sprache der Tiere einzulassen, wirst du in ihre intensive Welt hineingezogen, die gelebte Hingabe ist und auf bedingungsloser Liebe basiert.

Danke

Sira

Gib dem Leben deinen Sinn,
denn ohne ihn bist du lebendig tot.
Weil das Leben fließt,
kann er sich verändern.

Deine Freude ist dein Wegweiser.
Sie zeigt sich in dem was du bist
und nicht in dem was du sein willst.

Leid geschieht durch Widerstand,
wenn du vor dem Schmerz fliehst.
Es ist nur da wenn du denkst.

Im Jetzt bist du frei vom Denken,
weil da niemand mehr ist der kommentiert.

Absolute Hingabe an das Leben ist
bedingungslose Liebe
und das Ende allen Leidens.

Bereits erschienene Taschenbücher
bei tao.de (auch unter INA KERN)
siehe nächste Seiten

Zu bestellen bei tredition und
überall im Internet- und Buchhandel

www.martina-kern.com

Durch ihre psychologische Arbeit mit vielen
hilfesuchenden Menschen und aus ihrer spirituellen Einsicht wurde es für Ina Kern immer offensichtlicher, dass
das Thema „Selbstwertgefühl" Ursache
vieler Probleme ist und den Menschen
in seiner „Opferrolle" hält.
Sie erkannte, dass ohne Selbstwert-Sein,
sich das Leben leichter und freier gestaltet
und die Konflikte mit dem Umfeld
und sich selbst verschwinden.
Ein paradoxer Ansatz, der umso mehr wirksam ist,
als alles andere, was bisher in Psychotherapien
und Selbsthilfebüchern angeboten wird.

Dieses Buch ist kein weiterer Ratgeber „gegen" die Angst,
sondern stellt deren Aspekte im konstruktiven Sinne dar.
Der Autorin ist es wichtig, dass du erkennst,
dass die Angst dich befreien kann;
aus der Enge deiner Gedanken über dich selbst,
deiner Möglichkeiten und deiner Welt.
Angst kann zu deinem Leitfaden werden und
deinen Lebensraum erweitern:
„Stelle dich deiner Angst. Wenn du durch sie hindurch
gehst, entsteht Freiheit – alles ist möglich!"
Ina Kern stellt die verschiedenen Gesichter der Angst vor,
deren Projektionen und Ursachen und zeigt auf,
wie du dich aus ihr befreien und heilen kannst.

Ina Kern versucht in diesem Buch den Spagat zwischen
rationalem Verstandesdenken und spiritueller Weisheit.
Sie zeigt dir einen Weg heraus aus der Problemwelt
des egozentrischen Paradigma 2 hinein in das
neutrale Paradigma 1 und macht deutlich,
dass du alle Möglichkeiten hast, deine Probleme im Nichts
verschwinden zu lassen, wenn du die
grundsätzliche Ursache aller Probleme erkannt hast.
Das Buch leitet in seinem zweiten Teil auf über 170 Seiten
durch psychologisch-spirituell fundierte Antworten zu
Themen wie Beziehung, Selbstwert, Loslassen, Vergebung,
Sinn, Sein und Erleuchtung aus der Theorie über
in die Praxis eines bewussten Lebens.

Martina Kern

glücklich wunschlos

... weil es sowieso so kommt
wie es kommt

Solange du dein Glück in Bestellungen beim Universum
suchst, hast du dich noch nicht gefunden.
Deinem SoSein fehlt nichts,
es ist wunschlos glücklich.
Doch du spürst es nicht, weil du im Außen suchst.
Jeder einzelne Wunsch ist letztlich „Haben-Wollen"
Und so lange du das nicht wahrhaben willst,
bleibt Abhängigkeit bestehen.
Du musst dir kein Glück wünschen, weil es schon da ist,
du kannst es nur noch nicht erkennen.

Ein kleines Buch über Ego, Gier, Abhängigkeit, Wahrheit,
Sehnsucht, SoSein, Selbstverantwortung,
Bewusstsein ... und Glück!

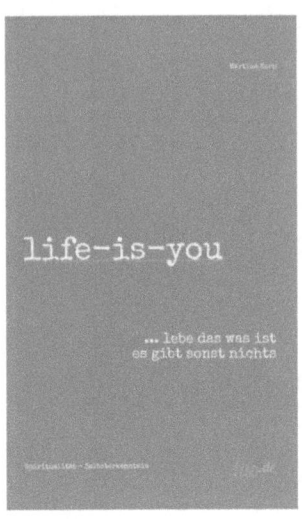

*Ein unbewusstes Leben, das sein wahres SoSein
verschleiert, kann nur Leid verursachen.
Wenn du deine Egozentrik überschreiten und ein
befreites Leben leben willst, kannst du durch
Schattenarbeit und Dekonditionierung dein reines So-
Sein wieder zum Vorschein bringen.
Um dich selbst zu erkennen, brauchst du weder in ferne
Länder reisen, noch angestrengt Stille üben. Selbster-
kenntnis geschieht durch BewusstSein.
Basis des bewussten Seins ist Wahrheit.
Sie ist der Schlüssel zu deinem Schloss.
Du erkennst, dass du „Alles im EINEN" bist.*

*Im zweiten Teil des Büchleins findest du eine wahre
Geschichte vom „Suchen und Finden".*

Hast du dich schon einmal gefragt, wie dieser ICH-
Komplex, der deinen Namen trägt, funktioniert? Glaubst
du, dass dieses ICH die absolute Kontrolle hat oder hast
du schon einmal die Erfahrung gemacht, dass etwas
nicht geht oder du etwas getan hast,
obwohl du es eigentlich gar nicht wolltest?
Dieses Buch gibt dir Aufschluss darüber,
dass fast alles was du tust automatisch abläuft und dass
alles was in deinem Leben geschieht aus dir
heraus entsteht – ja, auch das was dir nicht gefällt.
Wenn du die Hinweise, die dieses Buch dir gibt,
tatsächlich und ernsthaft überprüfst und die Wahrheit
die sich daraus ergibt zutiefst verinnerlichst,
geschieht Selbsterkenntnis, die das mit sich bringt,
nach dem du dich zeitlebens gesehnt hast.

FSC
www.fsc.org

MIX

Papier | Fördert
gute Waldnutzung

FSC® C083411

Zeitfracht Medien GmbH
Ferdinand-Jühlke-Straße 7
99095 Erfurt, Deutschland
produktsicherheit@kolibri360.de